MUSÉE DE DIJON.

AVIS.

Le public est prévenu que, pour la plus grande sûreté des objets que renferme l'établissement, on a placé au bas du grand escalier uu gardien à qui l'on peut confier les cannes et les parapluies qu'il est nécessaire de déposer avant d'entrer, ainsi que tous les objets portatifs qui pourraient nuire à la liberté de la circulation.

Le Musée est ouvert au public le dimanche, et le Cabinet des Estampes le jeudi de chaque semaine, de midi à deux heures. Les étrangers sont admis tous les jours dans le premier établissement, sur l'exhibition de leurs passeports.

Dijon, impr. de E. Tricault, succ^r de M. Frantin.

NOTICE

DES

OBJETS D'ARTS

EXPOSÉS

AU MUSÉE DE DIJON,

ET CATALOGUE GÉNÉRAL DE TOUS CEUX QUI DÉPENDENT DE CET ÉTABLISSEMENT, SUIVI D'UN SUPPLÉMENT.

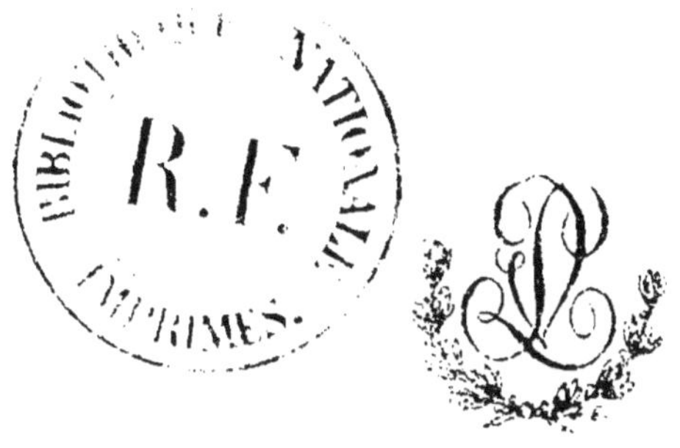

De l'ancien fonds de V^{or} LAGIER, édit. à Dijon.

PARIS,

CHEZ DUMOULIN, LIBRAIRE, QUAI DES AUGUSTINS. 13.

A DIJON, chez le Concierge du Musée et chez tous les Libraires.

—

1850.

SUPPLÉMENT

A LA NOTICE DU MUSÉE DE DIJON,

publiée en 1842.

OBSERVATION.

Tous les morceaux indiqués dans ce Supplément, comme dans la Notice dont il est la suite, ne sont pas exposés dans les salles publiques de l'établissement. Quelques-uns ont été distraits de la collection pour orner les édifices civils et religieux ; on s'occupe de la restauration de quelques autres, et il en est encore que l'étendue actuelle du local et l'état imparfait de conservation, ou leur peu d'importance, ne permettent pas d'exposer.

Peinture.

BOISSELIER (Antoine-Félix), *peintre vivant, né à Paris, élève de Jean-Victor Bertin.*

896. Vue prise en Dauphiné, Bords du Rhône.
Un chevalier blessé mortellement à la bataille d'Anthon en 1430 est porté mourant chez les Chartreux.
Envoi du ministre de l'intérieur, en 1842.
H. 1 m. 5 c. Largeur 1 m. 65 c.

BOUHOT (Etienne), *directeur de l'Ecole gratuite de dessin de la ville de Semur.*

897. Vue intérieure de la grande salle du palais des Thermes de l'hôtel de Cluny, à Paris.
Acquisition faite par la ville de Dijon, en 1850.
Haut. 0 m. 97 c. Larg. 0 m. 84 c.

CHAIGNET (N.)

898. Philémon et Baucis. (*Esquisse.*)
Lot gagné par la ville après l'exposition de 1849.
Haut. 0 m. 36 c. m. Larg. 0 m. 40 c. m.

PEINTURE.

DELABORDE (Henri), *artiste vivant, élève de M. Paul Delaroche.*

899. Agar dans le désert.
Don de l'auteur au Musée de Dijon, à la suite de l'exposition de 1849.

Haut. 1 m. 87 c. Larg. 1 m. 30 c.

DEMARTINECOURT, *artiste dijonnais, élève de François Devosge. Mort en 1849, âgé de 91 ans*

900. Paysage. Site du Vivarais.
Acquis par la ville en 1848.

Haut. 0 m. 27 c. Larg. 0 m. 38 c.

DESGOFFE (Alexandre), *peintre vivant.*

901. Sainte Marguerite. (*Paysage.*)
(Envoi du ministre de l'intérieur, en 1845. Placé à l'église Notre-Dame de Dijon.)

Haut. 3 m. Larg. 2 m. 40.

DEVOSGE (Anatole), *fils de François Devosge, formateur du Musée et fondateur de l'Ecole gratuite de dessin, peinture et sculpture de Dijon.*

902. Contestation entre l'Archange St. Michel et le diable touchant le corps de Moïse. (EPITRE DE ST. JUDE.)
Acheté par la ville de Dijon, en 1847.

Haut. 2 m. 92 c. Larg. 3 m. 90 c.

FOREY (Jules), *peintre vivant, né à Dijon, élève de l'Ecole des Beaux-Arts de cette ville, pensionné à Paris par le conseil général de la Côte-d'Or en 1834.*

903. Suzanne au bain.

Haut. 2 m. 44 c. Larg. 1 m. 87 c.

FRILLIÉ (Félix-Nicolas), *né à Dijon, élève d'Anatole Devosge, directeur de l'Ecole spéciale des Beaux-Arts de cette ville.*

904. Réné achevant de raconter ses avantures à Chactas et au père Souel. (Chateaubriand.)

Ce tableau acheté de l'auteur, par la ville de Dijon en 1845.

Haut. 1 m. 24. Larg. 1 m. 39 c.

GERARD (François), *né à Rome en 1770, mort à Paris en 1837.*

905. Portrait de Hugues-Bernard Maret, duc de Bassano.

Donné par Mme veuve Champagne, en 1848.

Haut. 0 m. 64 c. Larg. 0 m. 48 c.

JEANIOT (P.-A.), *élève de l'École de Dijon et de M. Diday de Genève.*

906. Vue prise aux environs de Genève. *Acquisition de la ville, en 1849.*

Haut. 0 m. 50 c. Larg. 0 m. 65 c.

JOURDY (Paul), *artiste dijonnais.*

907. Prométhée enchaîné au rocher.

Offert par l'auteur en 1848.

Haut. 3 m. 80 c. Larg. 2 m. 70.

JOYANT (Jules).

908. Vue du Campo-Vaccino à Rome.

Envoi du gouvernement en 1843.

Haut. 2. m. 32 c. Larg. 2 m. 70.

LACROIX (N.), *élève de Joseph Vernet, florissait à la fin du 18e siècle.*

909. Une marine, effet de nuit.

Haut. 0 m. 42 c. Larg. 0 m. 62 c.

910. Une marine, effet de soleil couchant.

Ces deux ouvrages ont été légués au Musée de Dijon, par M. Mency, en 1844.

Haut. 0 m. 42. Larg. 0 m. 62 c.

MATHIEU (Auguste), *né à Dijon, peintre décorateur, élève de Guyot de Dijon et de Cicéri.*

911. Vue intérieure de la salle des tombeaux des Ducs de Bourgogne, au Musée de Dijon.

Envoi du ministre de l'intérieur en 1847.

Haut. 0 m. 95 c. Larg. 1 m. 6 c.

MAYER (Auguste).

912. L'entrée du Tage forcée par l'escadre française sous le commandement de l'amiral Roussin, le 11 juillet 1831.

913. Capitulation du fort de Belem, devant l'escadre française commandée par l'amiral Roussin, le 11 juillet 1831.

Ces deux tableaux offerts par l'amiral à la ville de Dijon.

Haut. 1 m. 3 c. Larg. 1 m. 62.

MEYER (Louis).

914. Combat entre le brick français l'*Abeille* commandé par M. de Makau, enseigne provisoire, et le brick anglais, l'*Alacrity*, capitaine Palmer (11 mai 1811).

Le moment choisi par l'artiste est celui où le bâtiment, ne pouvant plus tenir contre le feu de l'*Abeille*, laisse arriver et amène pavillon... Effet du matin.

Envoi du gouvernement en 1844.

Haut. 1 m. 22 c. Larg. 1 m. 90 c.

PRUDHON (Pierre-Paul), *élève de François Devosge, fondateur de l'Ecole gratuite des Beaux-Arts de Dijon, né à Cluny en* 1760, *mort à Paris en* 1823.

915. Portrait de Nicolas Bornier, ancien professeur de sculpture à l'Ecole spéciale de Dijon.

Ouvrage provenant des héritiers du même artiste, en 1847.

Haut. 0 m. 42 c. Larg. 0 m. 32 c.

ROYER (V.), *élève de l'Ecole de Dijon.*

916. Une Albanaise. (*Copie.*)

Lot gagné par la ville après l'exposition de 1849.

Haut. 0 m. 40 c. Larg. 0 m. 33 c.

Mme RUDE (Sophie).

917. Révolte à Bruges en 1436.

« Le Duc (*de Bourgogne*), *Philippe-le-Bon* , inquiet
» pour la duchesse sa femme, et son fils Charles, fit de-
» mander aux mutins de laisser partir la duchesse, qui
» était dans la ville de Bruges. Ils y consentirent avec
» peine ; et lorsque, escortée par quelques serviteurs et
» par Guillaume et Simon de Lalaing, la duchesse tra-
» versa la porte de la ville, elle fut retenue par Jean
» Lockart, un des chefs de la populace. On arracha la
» dame d'Utkerque, femme de sire Roland, et la veuve
» du malheureux sire de Horn qu'ils avaient dernière-
» ment massacré. La duchesse tenait son jeune fils, le
» comte Charolais, serré contre son sein, et tremblait de
» ce qui pouvait arriver. Pourtant ils lui laissèrent con-
» tinuer sa route en la poursuivant par des paroles inju-
» rieuses. » (*De Barante, Histoire des Ducs de Bourgogne.*)

Ce tableau a été acquis par la ville de Dijon, après
l'exposition de l'année 1849.

Haut. 1 m. 83 c. Larg. 1 m. 50 c.

Peinture anonyme.

918. L'Ecole d'Athènes. (*Copie d'après Raphaël.*)
Légué à la ville de Dijon par M. Meney, en 1844.
*Ce tableau a été placé dans un des salons de la pré-
fecture en 1849, avec autorisation du maire de Dijon.*

Haut. 2 m. 60. Larg. 3 m. 30 c.

919. Portrait de Pierre Odebert, *par un artiste
anonyme.*

Haut. 0 m. 85 c. Larg. 0 m. 63 c.

920. Portrait en pied de Louis-Philippe, roi des
Français, *par un artiste anonyme.*
Envoi du gouvernement en 1831.

Haut. 2 m. 30 c. Larg. 1 m. 80 c.

Sculpture.

BOUHIN, *élève de l'Ecole de Dijon.*

921. Etude académique de jeune homme. (*Plâtre,
statuette couchée.*)
Don de l'auteur en 1846.

Long. 0 m. 42 c.

CAMAGNY (Hubert-Noël), *élève de l'Ecole de Dijon, mort à Paris en 1849.*

922. Buste colossal du président Jeannin. (*Plâtre.*)
Offert par l'auteur en 1847.

CARBILLET, *ancien professeur de l'Ecole des Beaux-Arts de Chalon-sur-Saône.*

923. Buste d'Henri IV. (*Plâtre.*)
Offert par l'auteur.

DARBOIS (Pierre), *Professeur de sculpture à l'Ecole des Beaux-Arts de Dijon.*

924. Buste en marbre de Pierre-Paul Prudhon.
Hommage de l'auteur à la ville de Dijon, en 1849.

DAVID (Pierre-Jean), *né à Angers en 1792.*

925. Profil de M. Chevreul (E.), membre de l'Institut, professeur au jardin des plantes.
Médaillon de bronze exécuté en 1833, offert au Musée de Dijon en 1850, par M. Henri Chevreul fils, ex-magistrat.

> Diamètre, 0 m. 16 c.

DIÉBOLT, *élève de l'Ecole de Dijon et de M. Ramey (François-Isidore) de l'Institut, pensionné à Rome par l'Académie Royale des Beaux-Arts de Paris, en 1842.*

926. Sapho, *statue en marbre, de la composition de M. Diébolt.*
Envoi du ministre de l'Intérieur en 1848

> Haut. 2 m.

DIEUDONNÉ (Jacques-Augustin).

927. Une nourrice et son enfant. *Plâtre.*

> Haut. 0 m. 50 c.

GIRARDON (François).

928. Masque du buste de Louis XIV, *moulage en plâtre.*

HOUDON (Jean-Antoine), *mort à Paris en* 1828.

929. Buste de Buffon. *Plâtre.*

JOUFFROY (François), *élève de l'Ecole de Dijon et de François-Isidore Ramey, de l'Institut.*

930. Buste de Bonaparte, premier consul. *Marbre.*
     Donné au Musée de Dijon par la société Napoléonienne, en 1842.

JOUFFROY (François), *ancien élève de l'Ecole de Dijon.*

931. Plâtre du couronnement du bénitier de marbre de l'église Saint-Germain-l'Auxerrois de Paris.
     Don de l'auteur à la ville de Dijon, en 1848.
          Haut. 1 m. 35 c. Diam. 0 m. 55 c.

LE MOUTURIER (Antoine), *sculpteur, natif du Bourbonnais.*

932. Buste de Jean-sans-Peur, Duc de Bourgogne.
     Plâtre, moulé sur la statue du tombeau de ce prince.

LE MOUTURIER (Antoine).

933. Buste de Marguerite de Bavière, épouse du Duc de Bourgogne, Jean-sans-Peur. (*Id.*)

MAGE (N.) *élève de l'Ecole de Dijon.*

934. Bacchante et Satyre enfant, *terre cuite.*
     Lot gagné par la ville, après l'exposition de 1849.
          Haut. 0 m. 24 c.

MERCEY (Bernard Lhomme de) *ancien élève de l'Ecole de Dijon.*

935. Le démon du jour.
     Statue en plâtre. Don de l'auteur, en 1850.
          Haut. 1 m. 80 c.

MOREAU père, *statuaire, élève de l'Ecole des Beaux-Arts de Dijon.*

936. Figure en bois de tilleul d'un des trois Mages;

le Roi noir.. *d'après un des personnages de l'en-
cadrement de l'Assomption de la chapelle de
l'Église de N. D. de Brou, près de Bourg-en-
Bresse.*

Haut. 0 m. 40 c.

MOREAU père.

937. Cinq médaillons dans un seul cadre, sujets
mythologiques. (*Terre cuite.*)
Lot gagné par la ville après l'expositian de 1849.

Haut. 0 m. 7 c. Larg. 0 m. 7 c.

MOREAU père.

938. Mars et Vénus, *groupe en terre cuite, acquis
par la ville en* 1849.

Haut. 0 m. 47 c.

MOREAU fils aîné, *élève de son père et de M. Ramey
(François-Isidore), de l'Institut.*

939. L'Élégie, *statue en plâtre, couchée.*
Acquisition faite par la ville en 1849.

Long. 2 m.

MOREAU fils aîné.

940. Un exilé et son fils, abandonnés sur une plage
déserte.

Haut. 0 m. 5o c.

RUDE (N.), *statuaire, élève de F. Devosge, fondateur de
l'École gratuite des Beaux-Arts de Dijon.*

941. Buste de Napoléon, empereur. (*Terre cuite.*)
Offert au Musée en 1850, *par M. Faivre, ancien
peintre vitrier de la ville de Dijon. (Ouvrage exécuté
avant l'année* 1814.)

SLUTER (Claux ou Nicolas), *imagier du duc de Bourgogne Philippe-le-Hardi. (* 1396.)

942. Les bustes des six prophètes qui ornent le
dé du piédestal du monument de l'ancienne

Chartreuse de Dijon, dit le Puits de Moïse. (*Plâtre.*)

Deux de ces bustes, ceux des prophètes Daniel et Jérémie, ont été donnés au Musée par M. Pagès, préfet de la Côte-d'Or.

YON (N.), *ancien élève de l'École de Dijon.*

943. Buste en bronze du conventionnel Carnot.
Offert à la ville de Dijon, par sa famille, en 1848. Placé dans la salle du Conseil de l'Hôtel-de-Ville.

944. Portrait de Chartraire de Montigny. *Bas-relief, profil en plâtre, sous verre.*
Diam. 0 m. 20 c.

945. Buste d'Enaux (Joseph). Dr en chirurgie, professeur d'accouchements, Membre de l'Académie des Siences, Arts et Belles-Lettres de Dijon. (*Terre cuite.*)
Donné par M. Lépine, Dr M.

946. Buste d'un personnage inconnu.
Haut 0 m. 20 c.

947. Buste de la Duchesse d'Angoulème. (*Plâtre.*)
Haut. 0 m 20 c.

948. Buste de l'organiste Balbâtre. (*Plâtre bronzé, mutilé.*)
Haut. 0 m. 20 c.

949. Buste d'Henri IV. (*Plâtre.*)
Haut. 0 m. 20 c.

950. Buste de Prosper Jolyot de Crébillon. (*Plâtre.*)

951. Médaillon en plâtre, profil du naturaliste Guillemin. *Don de ses héritiers en 1844.* (*Plâtre.*)
Diam. 0 m. 25 c.

952. Deux têtes de personnages de l'antiquité, sculptées sur un caillou blanc. (*Forme ovale.*)
Long. 0 5 c.

953. Modèle de la Bastille, taillé dans une des

*

pierres provenant de la démolition de cette forte-
resse en 1789.

Environ un an plus tard, le gouvernement fit exécuter avec des matériaux semblables 83 modèles de la bastille pour en envoyer un dans chaque chef-lieu des départements. Dijon a obtenu le grand modèle que possède aujourd'hui son Musée.

Offert à la ville par M. le Commandant Yon, en 1848.

Long. 1 m. Larg. o m. 55 c. Haut. o m. 40 c.

954. La Circoncision, l'Adoration des Mages et des Bergers. Fragments d'un retable d'autel, en bois peint et doré, du 15e siècle. Sept figures, savoir : Les Trois Rois, isolés ; — La Vierge présentant l'Enfant Jésus au Grand-Prêtre, sur l'autel ; — Enfin un seul des Bergers adorateurs.

Offert au Musée par M. Perrenet, de Charrey, en 1848.

Haut. moyenne des figures, o m. 45 c.

955. Plâtre du Chapiteau-Console du grand Portail de l'église Saint-Michel de Dijon.

Donné par la Commission départementale des Antiquités de la Côte-d'Or, en 1843.

Haut. o m. 80 c. Larg. o m. 55 c. Long o m. 85 c.

956. Groupe représentant la Charité. (*Pierre statuaire.*)

Donné par M. N. de Langres, vers 1830 (mutilé).

Haut. o m. 45 c.

957. Portement de croix. Bas-relief. (*Albâtre, écorné.*)

Haut. o m. 15 c. Larg. o m. 12 c.

958. Cinq figurines en albâtre colorié et doré, en mauvais état, *provenant probablement d'une crèche du 17e siècle.*

Ouvrages offerts par M. Rousselle, doreur, en 1850.

Grand^r. moy. o m. 6 c.

Dessins, Pastels, Aquarelles, Lithographie.

BIZARD père, *de Semur.*

959. Vue du Pont-Joly , à Semur. (*Aquarelle.*)
Lot gagné par la ville après l'exposition de 1849.
Haut. o m. 40 c. Larg. o m. 33.

HEYNMANS (N.), *professeur de dessin à Dijon.*

960. Vue de Dijon prise près des Argentières.
(*Pastel.*)
Lot gagné par la ville après l'exposition de 1349.
Haut. o m. 40 c. Larg. o m. 66 c.

DE JOLIMONT.

961. Le portrait du chancelier Rollin, *copié d'après
la peinture de Jean Van-Eyck qui orne un des
volets du retable de l'hôpital de Beaune, représentant le jugement dernier.*
Acquis par la ville en janvier 1850.

DE JOLIMONT.

962. Le portrait de Guigone de Salins, épouse du
chancelier Rollin. (*Copié d'après le monument
précédent.*)
Acquis par la ville en janvier 1850.

DE JOLIMONT.

963. Groupe de plusieurs personnages parmi les-
quels on distingue le Duc de Bourgogne, Philippe-le-Bon, le pape Eugène IV, et, selon
quelques-uns, le peintre J. Van-Eyck lui-même.
*Ce groupe est placé dans la partie la plus élevée du
fond du retable , à la gauche du spectateur. Aquarelle
dans les proportions de l'ouvrage original. Acquis par la
ville en janvier* 1850.

MACQUART, *de Reims.*

964. Calice du 16ᵉ siècle. (*Dessin lithographique.*)

Offert par M. Vionnois, juge au tribunal civil de Montpellier, en novembre 1849.

965. Dessin d'un des oratoires en ivoire des Duchesses de Bourgogne.

Ouvrage de marquetterie et de sculpture vénitienne, provenant de l'ancienne Chartreuse de Dijon.

Ce dessin exécuté aux frais de la Ville de Dijon, par MM. Chevrot, architecte, et Mazaroz, dessinateur, en 1846.

Haut. 1 m. 39 c. Larg. 0 m 77.

VIONNOIS (M.), *Juge au tribunal civil de Montpellier.*

966. Dessin au trait du Portail de la Sainte-Chapelle de Dijon, restitué par M. Vionnois. (*Calque.*)

Médailles.

967. Médaille d'or décernée par le Conseil général du département de la Côte-d'Or à M. Raillon, Evêque de Dijon, lorsqu'il fut appelé au siége archiépiscopal d'Aix.

Acquise à Lyon par la ville de Dijon, après le décès de ce prélat, en 1845.

Module, 0 m. 4 c. 1/2.

968. Médaille frappée aux frais de Legouz de Gerland à l'occasion de la fondation des prix décernés aux élèves de l'Ecole gratuite de Dessin de Dijon.

Don du Conservateur du Musée, en 1845.

Module, 0 m. 4 c.

969. Deux médailles de Napoléon, frappées en Italie, l'une *argent* et l'autre *bronze.*

Données en 1845, par M. Quentin, ancien officier de bouche.

Module, 0 m. 4 c.

970. Trois médailles frappées à l'occasion de l'établissement des fontaines de Dijon, une en argent, les deux autres en bronze, et de plus le grand modèle en plâtre de ces médailles. Le tout, déposé au Musée par ordre du Conseil municipal du 8 mai 1846.

Module des 3 médailles, 0 m. 7 c.
id   du modèle, 0 m. 19 c.

971. Cliché en *métal typographique*, du sceau de Saint Bernard.

Donné par M. de Clermont-Toury, membre du Conseil général du département de la Somme, en 1846.

Haut. 0 m. 5 c. Larg. 0 m. 4 c.

Objets divers.

972. Cabinet d'ébène.

Ce beau meuble a été légué au Musée, en 1835, par M. Poncet, professeur honoraire à la Faculté de Droit de Dijon.

973. Cabinet d'Allemagne, plaqué en écaille.

974. Moulage en plâtre du crâne du Duc de Bourgogne, Jean-sans-Peur.

Donné par la commission des Antiquités, en 1841.

975. Canon de fer forgé du 17e siècle, provenant des magasins de la Ville.

Déposé en 1845, dans le vestibule du Musée.

Long. 1 m. 60 c. Calibre, 0 m. 10 c.

976. Un fusil à vent, de fabrique moderne, en très-bon état, et ses accessoires.

Don offert à la ville par M. C. Jordan, étudiant en droit, en 1850.

977. Modèle en bois de chêne d'une verrière (*Rose*) à fenestrage de pierre du 15e siècle.

Haut. 0 m. 30 c. Larg. 0 m. 30 c.

978. Vase d'albâtre oriental. *Fabrique inférieure.*
    Haut. 0 m. 45 c. Diam. 0 m. 15 c.

979. Petit piédestal. *Plâtre peint à l'imitation de marbres variés, avec bas-relief de matière blanche orné de dix figures.*

BARBIZET (N.), *fabricant de poterie ornée.*

980. Coupe ornée. (*Terre cuite.*)
  Lot gagné par la ville, après l'exposition de 1849.

BARBISET (N.)

981. Deux vases à fond jaune. (*Terre cuite.*)
  Lot gagné par la ville après l'exposition de 1849.

BARBISET (N.)

982. Un porte-cigarre. (*Terre cuite.*)
  Lot gagné par la ville après l'exposition de 1849.

983. Bouquetier de faïence, de fabrique française ancienne. Fracturé.

984. Vase de porcelaine de la Chine. Couvercle dépareillé. Ornements de bronze doré.

985. Vase de terre de Wedgewood noire. *Forme d'un Dauphin. Fabrique anglaise.*

986 Tasse de terre de Wedgewood noire. Enfants jouant. *Fabrique anglaise.*

987. Deux magots. *Porcelaine grise. Figures de femmes debout. Art chinois.*

988. Deux tableaux Chinois en pierre de lard coloriée. (*Bas-relief.*)
    Haut. 0 m. 28 c. Larg. 0 m. 19 c.

989. Figure égyptienne. (*Plâtre.*) *Forme d'un porte-montre.*

990. Poterie et verrerie de l'époque Gallo-Romaine.

Dix-neuf pièces découvertes dans les fouilles pratiquées entre les deux portes Saint-Nicolas à Dijon, à l'occasion de la construction d'un aqueduc pour la dérivation du torrent de Suzon, en juillet 1847.

991. Vases grecs, dits Étrusques, et autres objets d'antiquités, collection léguée par le Marquis de La Marche, en 1842.

Quarante-deux pièces décrites sous ce titre et classées sous le n° 925 de l'ancien Catalogue général.

992. Petit monument de sculpture Gallo-Romaine, représentant un char triomphal monté par trois personnages et attelé de deux chevaux, trouvé dans un champ voisin du Château du Rousset, canton d'Arnay-le-Duc, arrondissement de Beaune.

Cet ouvrage antique, mutilé par le soc de la charrue, a été offert au Musée de Dijon, par M. le Marquis de Villers-la-Faye en 1849. Pierre blanche tendre du pays.
Haut. o m. 57 c. Long. o m. 63 c. Larg. o m. 34 c.

L'OMNIBUS DU LANGAGE, ou le Régulateur des locutions vicieuses, des mots défigurés ou détournés de leur sens, des termes impropres, de toutes les fautes qui échappent à l'ignorance ou à l'inattention, etc., etc., répandues dans la langue écrite ou parlée ; par M. BARTHÉLEMY, prof. au collège royal de Dijon ; un vol. grand in-32.   75 c.

MANUEL des Propriétaires et Régisseurs de bois et forêts, par M. NOIROT, géomètre-forestier ; un gros vol. in-12 de 510 pages.   3 fr.

AUTUN, archéologique, par les secrétaires de la   Eduenne et de la commission des antiquités d'Autun, 1848 ;   vol. in-8°, planches.   6 fr.

BULLIOT (G), Essai sur l'abbaye de Saint-Martin d'Autun de l'ordre de Saint-Benoît, avec chartes et pièces justificatives. Autun, 1849 2 vol. gr. in-8°, figures et plan.   15 fr.

CHASSANT, Paléographie des chartes et des manuscrits du XIe au XVIIe siècle ; 1 vol. petit in-8°, avec 8 pl. in-4°.   8 fr.

Approuvé par le ministre de l'instruction publique d'après l'avis du comité des chartes, pour la lecture des anciennes écritures.

— Dictionnaire des abréviations latines et françaises usitées dans les inscriptions lapidaires et métalliques les mss. et les chartes du moyen âge, précédé d'une explication de la méthode brachygraphique employée par les graveurs en lettres, les Scribes et les Copistes, du Ve au XVIe siècle. Evreux, 1846 ; 1 vol. petit in-8°, planches.   8 fr.

CLÉMENT (Mme.), née Hemery, Histoire des fêtes civiles et religieuses, usages anciens et modernes de la Flandre et des différentes villes de la France. Avesnes, 1844 ; 2 vol. in-8°, figures.   14 fr.

DÉCAMÉRON Numismatique, par MM. COMBROUSE et FOUGÈRES. Paris, 1844 ; 1 vol. gr. in-4° (tiré à 109 exemplaires).   32 fr.

DU BOIS, Recherches archéologiques, historiques, biographiques et littéraires sur la Normandie. Paris, 1843 ; 1 vol. in-8°.   6 fr.

FAUQUEMPREZ, Histoire de Chantilly, depuis le Xe siècle jusqu'à nos jours. Senlis, 1840 ; 1 vol. in-8°.   2 fr. 50.

LEGONIDEC, Dictionnaire français-breton, enrichi d'additions et d'un essai sur l'histoire de la langue bretonne ; par Th. HERSART de la Villemarqué. St-Brieuc, 1847 ; 1 vol. in-4° (de 834 pages). 15 fr.

LE ROUX DE LINCY, Bibliothèque (la) de Charles d'Orléans à son château de Blois en 1427, publiée pour la première fois d'après l'inventaire original. Paris, 1843; 1 vol. gr. in-8°. 3 fr.

MÉMOIRES de la Société des Antiquaires de Normandie, 14 part. en 10 vol. in-8°, fig. et atlas. 140 fr.
(On vend les tomes VII, VIII, IX et X séparément.)

PERRECIOT. De l'état civil des personnes et de la condition des terres dans les Gaules, dès les temps Celtiques jusqu'à la rédaction des coutumes, avec les preuves. Paris, 1845; 3 beaux vol. in-8°, avec le portrait de l'auteur, gravé par Hopwood. 18 fr.

POÉSIES Languedociennes et Françaises d'Auger Gaillard dit Lou roudié de Rabastens en Albigès; nouvelle édition, publiée par G. de Clausade. Montauban, 1844; 1 joli vol. gr. in-18, portrait. 4 fr. 50.

POÉSIES morales et historiques d'Eustache Deschamps, écuyer, huissier d'armes des rois Charles V et Charles VI, châtelain de Fismes et bailli de Senlis; publiées d'après le manuscrit de la Bibliothèque du roi, avec un précis historique et littéraire sur l'auteur. Paris, 1832; 1 vol. grand in-8°, jésus vélin, avec un fac-simile du manuscrit, broché. 13 fr.

PRINCIPAUX ÉDIFICES (les) de la ville de Rouen en 1525, dessinés à cette époque sur les plans d'un livre ms. appelé le livre des Fontaines, reproduit en fac-simile et publié avec des notices historiques par T. de Jolimont. Rouen, 1845; 1 vol. grand in-4°, avec 50 planches coloriées, tiré à 125 exemplaires, numérotés à la presse. 48 fr.

ROGER, la noblesse de France aux croisades. Paris, 1845; 1 très-beau vol. gr. in-8°, figures. 15 fr.

VITET, Histoire des anciennes villes de France, première série Haute-Normandie, histoire de Dieppe; 2 vol. in-8°, planches. 6 fr.